Impressum

Verlag: BABADADA GmbH, Nedderfeld 112 , 22529 Hamburg

Geschäftsführer / Verlagsleitung: Harald Hof

Druck: Books on Demand GmbH, In de Tarpen 42, 22848 Norderstedt

Imprint

Publisher: BABADADA GmbH, Nedderfeld 112 , 22529 Hamburg, Germany

Managing Director / Publishing direction: Harald Hof

Print: Books on Demand GmbH, In de Tarpen 42, 22848 Norderstedt, Germany

ysgol

школа

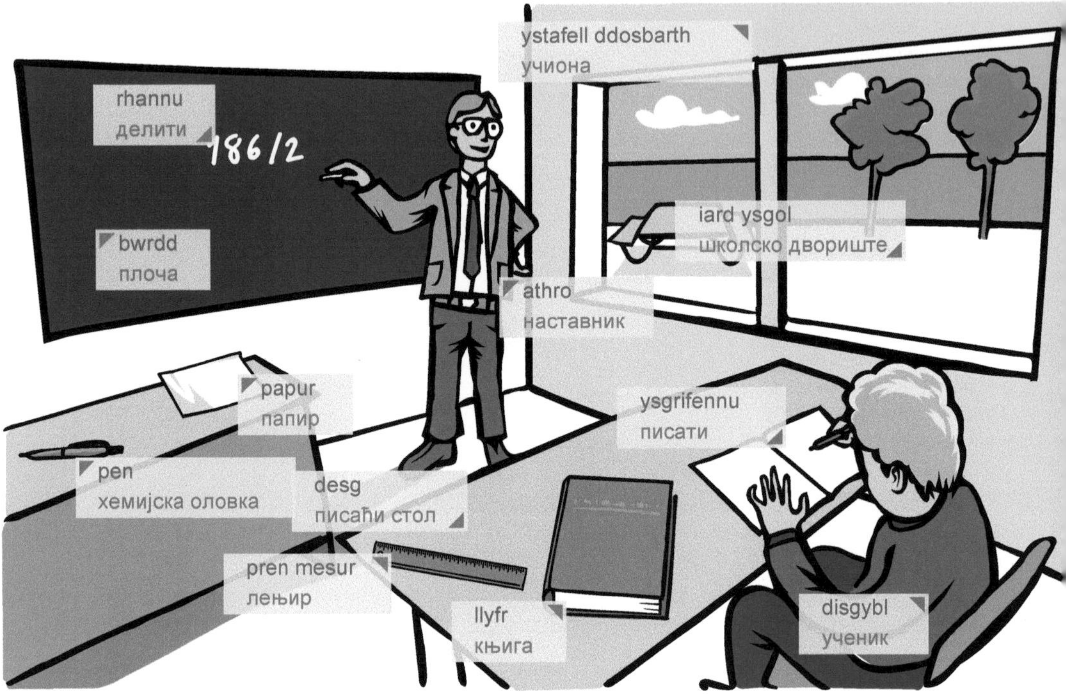

ystafell ddosbarth
учиона

rhannu
делити

186/2

bwrdd
плоча

iard ysgol
школско двориште

athro
наставник

papur
папир

ysgrifennu
писати

pen
хемијска оловка

desg
писаћи сто

pren mesur
лењир

llyfr
књига

disgybl
ученик

bag ysgol

торба

blwch penseli

перница

pensil

графитна оловка

peth rhoi min ar bensil

шиљило за оловке

rwber

гумица за брисање

pad arlunio

блок за цртање

llun

цртеж

brws paent

кист

blwch paent

кутија са бојама

siswrn

маказе

glud

лепило

llyfr ysgrifennu

бележница

gwaith cartref

домаћи задатак

12

rhif

број

2+2

ychwanegu

сабирати

5−2

tynnu

одузимати

2×2

lluosi

множити

cyfrifo

рачунати

A

llythyren

слово

ABCDEFG HIJKLMN OPQRSTU VWXYZ

gwyddor

абецеда

gair

реч

testun

текст

darllen

читати

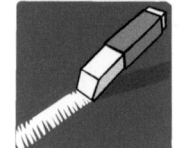

sialc

креда

gwers

час

cofrestr

дневник

arholiad

испит

tystysgrif

сведочанство

gwisg ysgol

школска униформа

addysg

образование

gwyddoniadur

лексикон

prifysgol

универзитет

microsgop

микроскоп

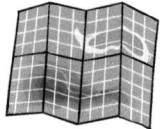

map

карта

basged papur gwastraff

кошара за папир

teithio
путовање

gwesty
хотел
Grand
hostel
преноћиште
ROOMS
EXCHANGE
swyddfa gyfnewid
мењачница
cês dillad
кофер
car
ауто

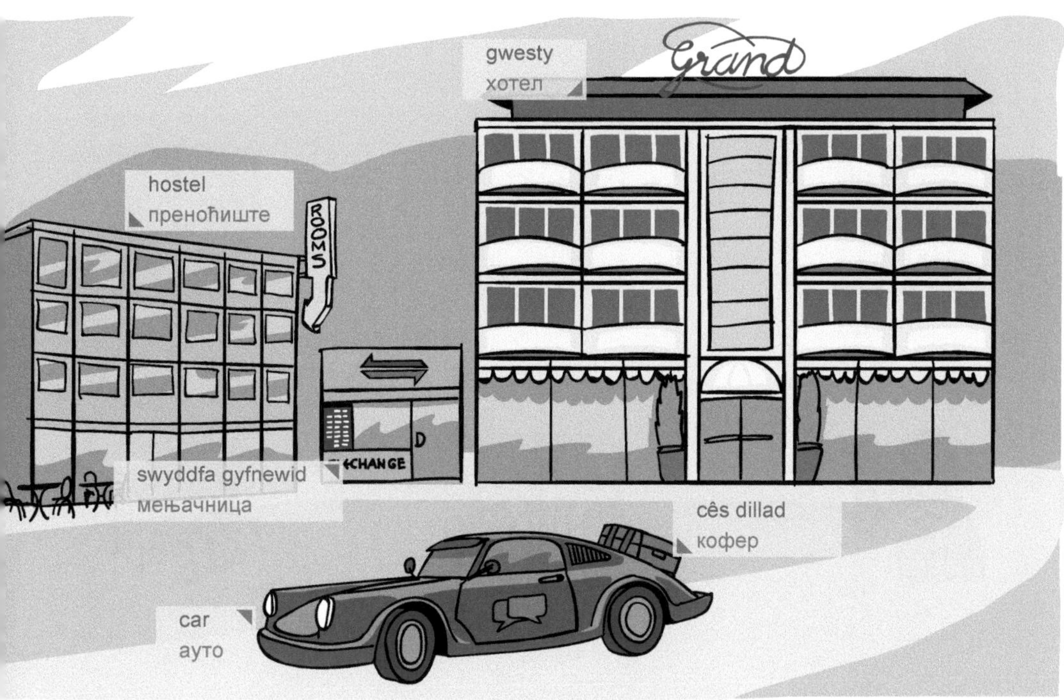

iaith

језик

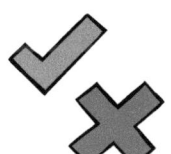

ie / na

да / не

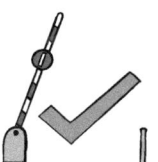

iawn

океј

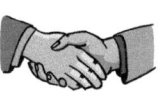

helo

здраво

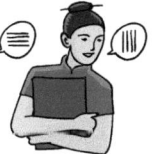

cyfieithydd

преводилац

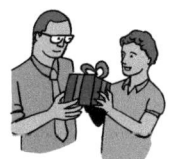

Diolch yn fawr

хвала

faint yw ...?

Колико кошта...?

Dw i ddim yn deall

не разумем

problem

проблем

Noswaith dda!

добро вече!

Bore da!

Добро јутро!

Nos da!

Лаку ноћ!

hwyl

довиђења

cyfarwyddyd

смер

bagiau

пртљага

bag

торба

gwarbac

руксак

gwestai

гост

ystafell

соба

sach gysgu

врећа за спавање

pabell

шатор

gwybodaeth i ymwelwyr

туристичке информације

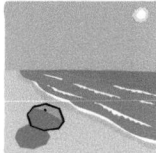

traeth

плажа

cerdyn credyd

кредитна картица

brecwast

доручак

cinio

ручак

swper

вечера

tocyn

карта за вожњу

lifft

лифт

stamp

поштанска маркица

ffin

граница

tollau

царина

llysgenhadaeth

амбасада

fisa

виза

pasbort

пасош

cludiant

транспорт

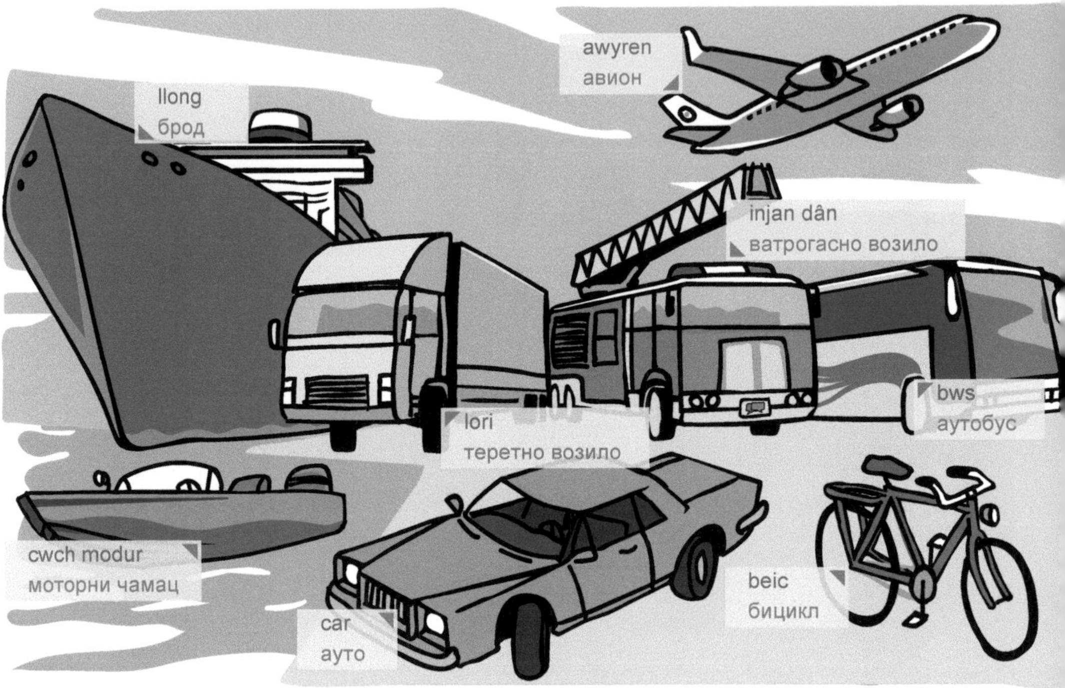

awyren
авион
llong
брод
injan dân
ватрогасно возило
bws
аутобус
lori
теретно возило
cwch modur
моторни чамац
beic
бицикл
car
ауто

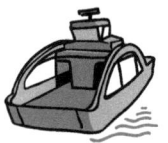

fferi

трајект

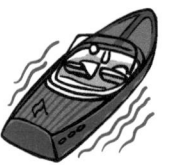

cwch

чамац

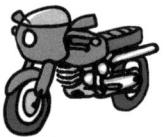

beic modur

мотоцикл

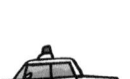

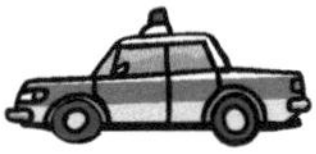

car yr heddlu

полицијски ауто

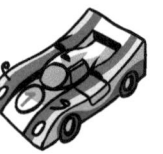

car rasio

тркаћи ауто

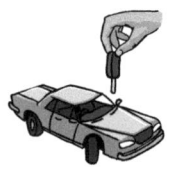

car wedi'i rentu

изнајмљено ауто

rhannu car

дељење аутомобила

lori tynnu

вучно возило

lori ysbwriel

возило за одвоз смећа

modur

мотор

tanwydd

бензин

gorsaf betrol

бензинска станица

arwydd traffig

саобраћајни знак

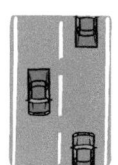

traffig

саобраћај

tagfa draffig

застој

maes parcio

паркиралиште

gorsaf drennau

железничка станица

traciau

шине

trên

воз

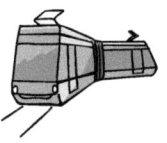

tram

трамвај

wagen

вагон

hofrennydd

хеликоптер

maes awyr

аеродром

tŵr

кула

teithiwr

путник

cynhwysydd

контејнер

paced

картон

cert

колица

basged

корпа

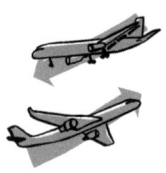

esgyn / glanio

узлетети / слетети

dinas

град

pentref

село

canol y ddinas

центар града

tŷ

кућа

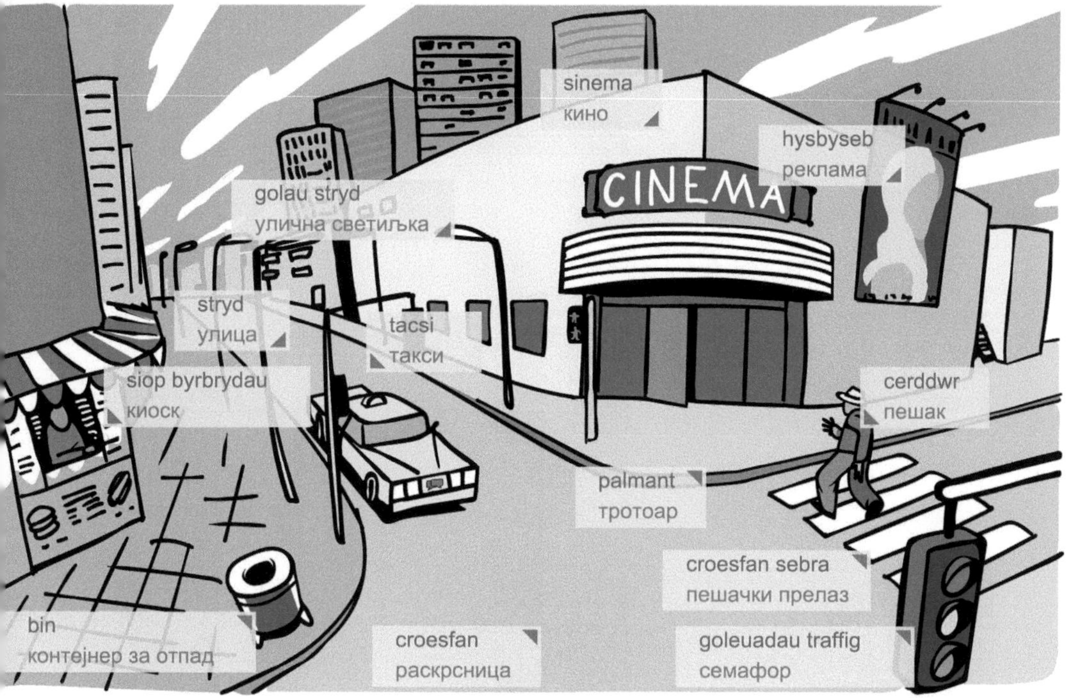

sinema
кино
hysbyseb
реклама
CINEMA
golau stryd
улична светиљка
stryd
улица
tacsi
такси
siop byrbrydau
киоск
cerddwr
пешак
palmant
тротоар
croesfan sebra
пешачки прелаз
bin
контејнер за отпад
croesfan
раскрсница
goleuadau traffig
семафор

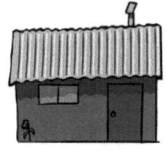

cwt
....
колиба

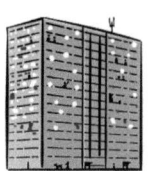

fflat
....
стан

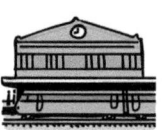

gorsaf drennau
....
железничка станица

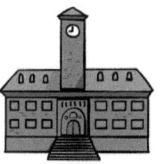

neuadd y dref
....
већница

MUSEUM
amgueddfa
....
музеј

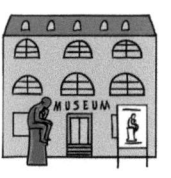

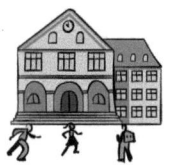

ysgol
....
школа

prifysgol
универзитет

banc
банка

ysbyty
болница

gwesty
хотел

fferyllfa
апотека

swyddfa
канцеларија

siop lyfrau
књижара

siop
продавница

siop flodau
цвећара

archfarchnad
супермаркет

farchnad
трг

siop adrannol
робна кућа

siop bysgod
рибарница

canolfan siopa
трговачки центар

harbwr
лука

parc

парк

banc

клупа

pont

мост

grisiau

степенице

rheilffordd danddaearol

подземна железница

twnnel

тунел

safle bws

аутобуска станица

bar

бар

bwyty

ресторан

blwch post

поштанско сандуче

arwydd stryd

улични знак

mesurydd parcio

паркирни аутомат

sŵ

зоолошки врт

pwll nofio

базен

mosg

џамија

** fferm**

сеоско газдинство

llygredd

загађење околине

mynwent

гробље

eglwys

црква

maes chwarae

игралиште

teml

храм

tirwedd

пејзаж

deilen — лист

arwydd cyfeirio — путоказ

ffordd — пут

dôl — ливада

carreg — камен

coeden — дрво

heiciwr — шетач

afon — река

glaswellt — трава

blodyn — цвет

cwm

долина

bryn

планина

llyn

језеро

coedwig

шума

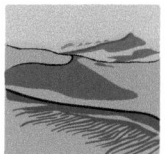

anialwch

пустиња

llosgfynydd

вулкан

castell

дворац

enfys

дуга

madarchen

гљива

palmwydden

палма

mosgito

москито

pryf

мува

morgrugyn

мрав

gwenyn

пчела

pryf copyn

паук

chwilen

буба

llyffant

жаба

gwiwer

веверица

draenog

јеж

ysgyfarnog

зец

tylluan

сова

aderyn

птица

alarch

лабуд

baedd

дивља свиња

carw

јелен

elc

лос

argae

насип

tyrbin gwynt

ветрењача

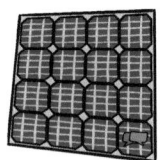

panel haul

соларна плоча

hinsawdd

клима

bwyty
ресторан

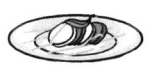

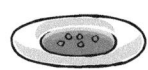

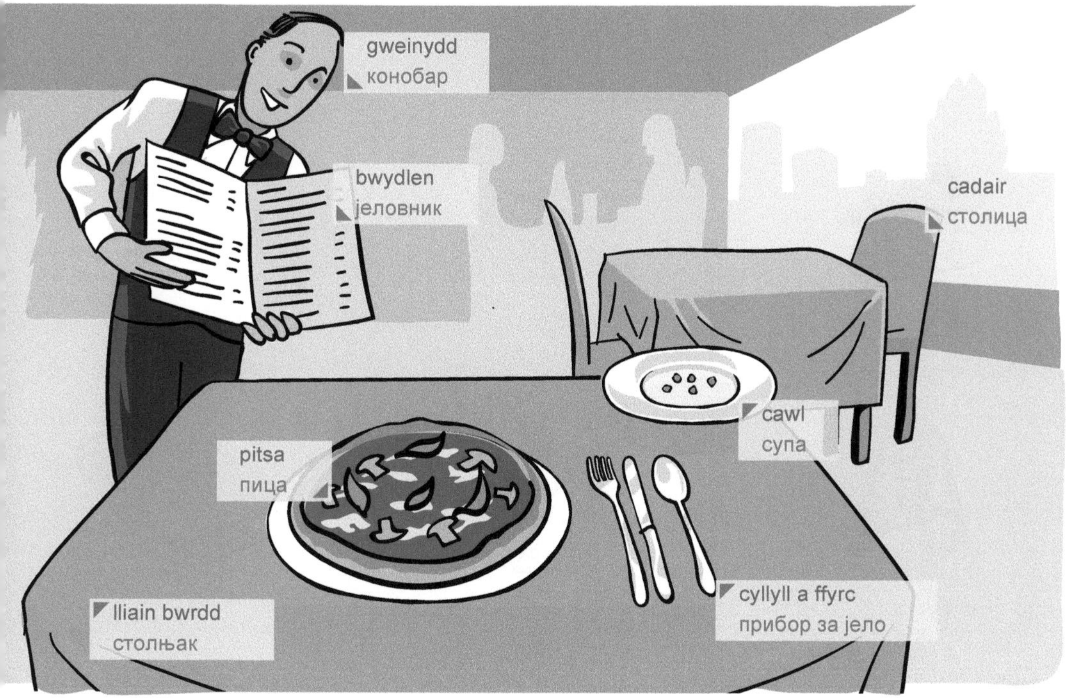
gweinydd
конобар
bwydlen
јеловник
cadair
столица
cawl
супа
pitsa
пица
lliain bwrdd
стољњак
cyllyll a ffyrc
прибор за јело

cwrs cyntaf
предјело

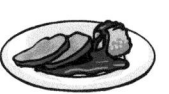

prif gwrs
главно јело

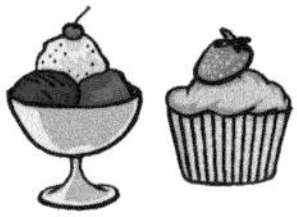

pwdin
десерт

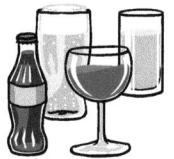

diodydd
напитци

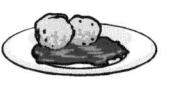

bwyd
јело

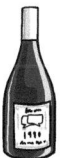

potel
флаша

bwyd cyflym

брза храна

bwyd y stryd

имбис храна

tebot

чајник

powlen siwgr

доза за шећер

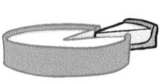

dogn

порција

peiriant espresso

апарат за еспресо

cadair plentyn

висока столица

bil

рачун

hambwrdd

послужавник

cyllell

нож

fforc

виљушка

llwy

кашика

llwy de

чајна кашика

napcyn

салвета

gwydr

чаша

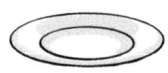

plât

тањир

plât cawl

тањир за супу

soser

тањирић

saws

сос

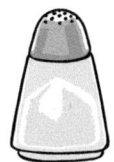

pot halen

сољенка

melin bupur

млин за бибер

finegr

сирће

olew

уље

sbeisys

зачини

saws coch

кечап

mwstard

сенф

mayonnaise

мајонеза

archfarchnad
супермаркет

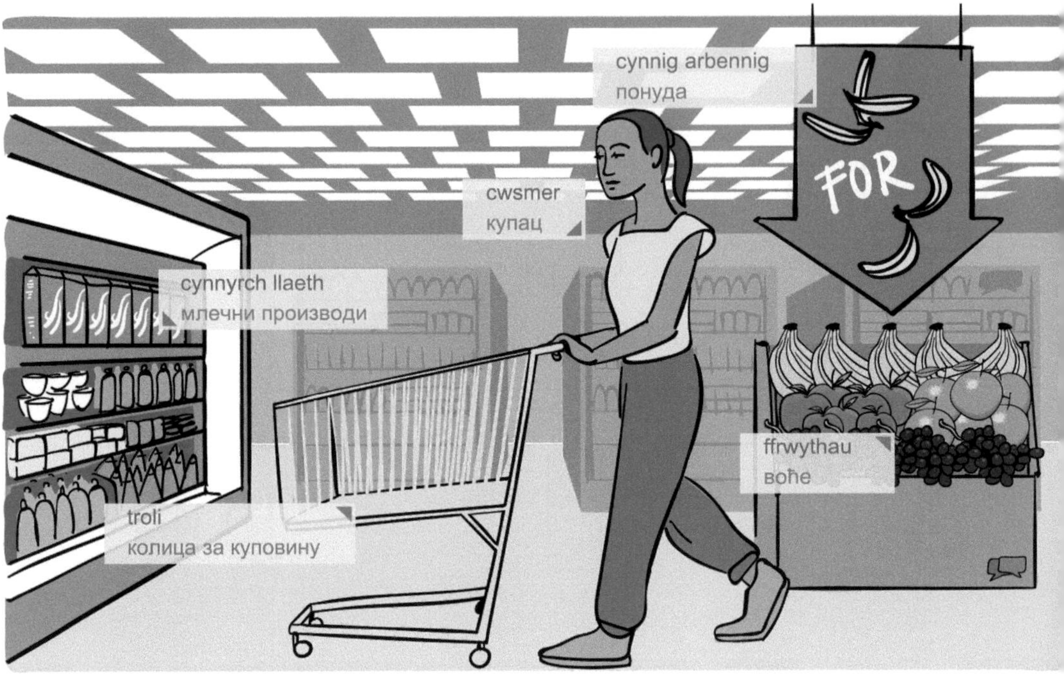

cynnig arbennig
понуда
FOR
cwsmer
купац
cynnyrch llaeth
млечни производи
ffrwythau
воће
troli
колица за куповину

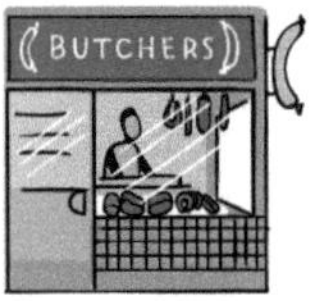

BUTCHERS

siop gig
месница

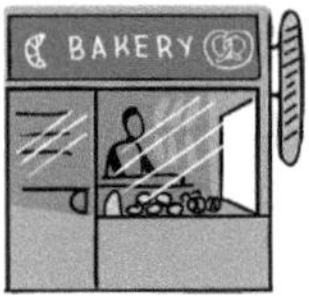

BAKERY

siop fara
пекара

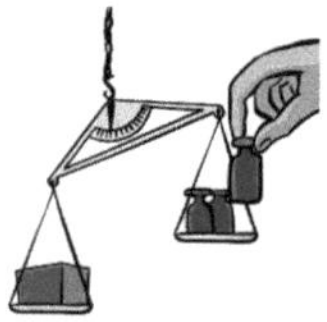

pwyso
вагати

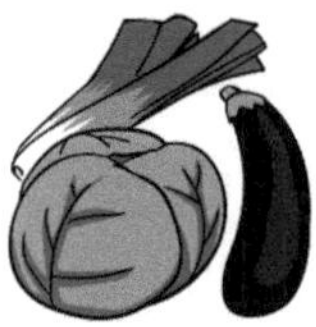

llysiau
поврће

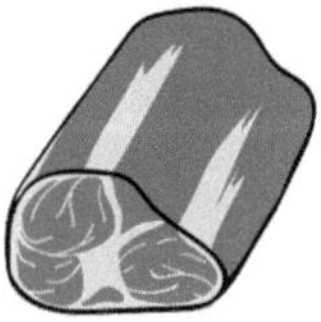

cig
месо

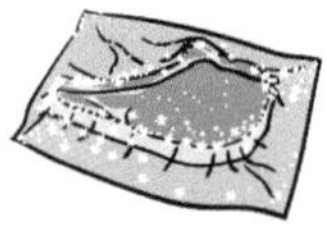

Bwyd wedi'i rewi
смрзнута храна

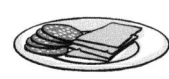

cig oer

нарезак

bwyd tun

конзерве

powdr golchi

средство за прање

da-da

слаткиши

cynnyrch cartref

артикли за домаћинство

cynhyrchion glanhau

средства за чишћење

gwerthwraig

продавачица

til

благајна

ariannwr

благајник

rhestr siopa

листа за куповину

oriau agor

време рада

waled

новчаник

cerdyn credyd

кредитна картица

bag

торба

bag plastig

пластична кеса

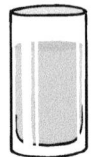

dŵr

вода

sudd

сок

llefrith

млеко

côc

кола

gwin

вино

cwrw

пиво

alcohol

алкохол

coco

какао

te

чај

coffi

кава

espresso

еспресо

cappuccino

капућино

ffrwchledd

банана

afal

јабука

oren

наранџа

melon

лубеница

lemwn

лимун

moronen

шаргарепа

garlleg

бели лук

bambŵ

бамбус

nionyn

лук

madarchen

гљива

cnau

орашасти плодови

nwdls

резанци

sbageti

шпагете

reis

рижа

salad

салата

sglodion

помфрит

tatws wedi'u ffrïo

печени крумпир

pitsa

пица

hambyrger

хамбургер

brechdan

сендвич

cytled

шницла

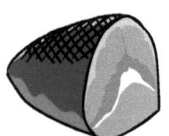

ham

шунка

salami

салама

selsig

кобасица

cyw iâr

кокош

rhost

печење

pysgodyn

риба

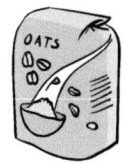

ceirch uwd

зобене пахуљице

miwsli

мусли

creision ŷd

кукурузне пахуљице

blawd

брашно

croissant

кроасан

bynsen

пециво

bara

хлеб

tost

тоаст

bisgedi

кекси

menyn

маслац

ceuled

свежи сир

teisen

колач

wy

јаје

wy wedi'i ffrio

јаје на око

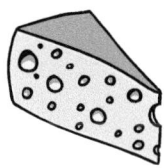

caws

сир

hufen iâ

сладолед

siwgr

шећер

mêl

мед

jam

мармелада

siocled taenu

нугат крема

cyri

кари

fferm

сеоско газдинство

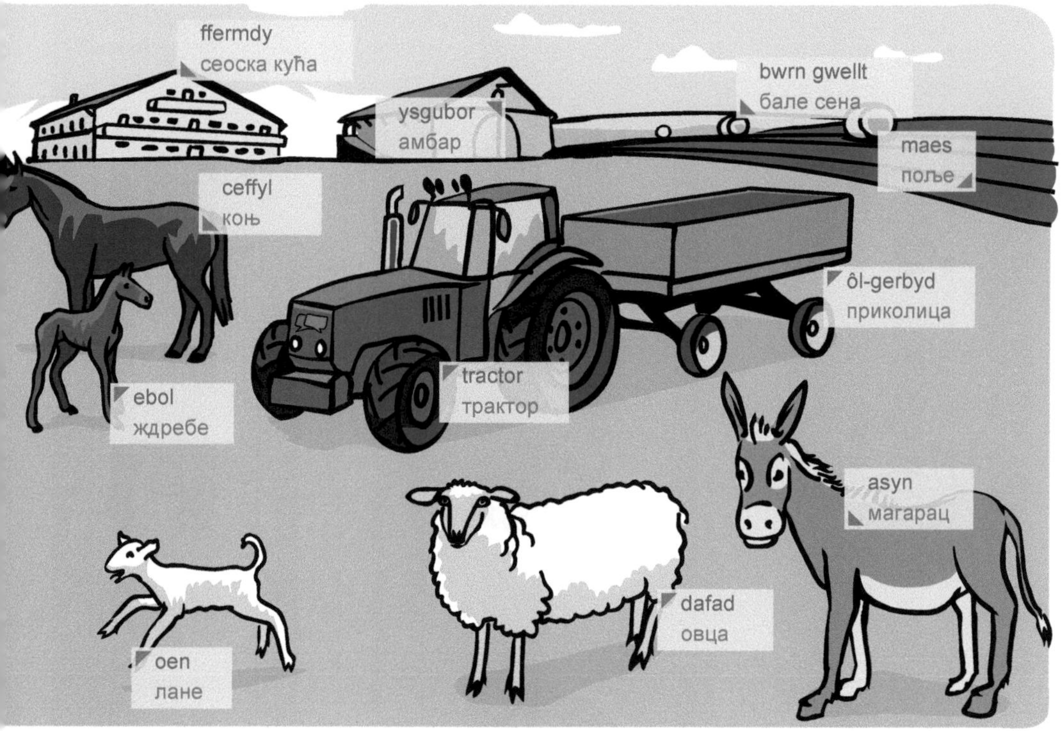
ffermdy
сеоска кућа
bwrn gwellt
бале сена
ysgubor
амбар
maes
поље
ceffyl
коњ
ôl-gerbyd
приколица
tractor
трактор
ebol
ждребе
asyn
магарац
dafad
овца
oen
лане

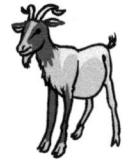

gafr
коза

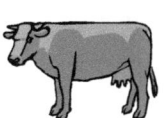

buwch
крава

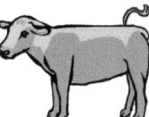

llo
теле

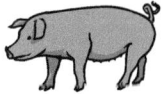

mochyn
свиња

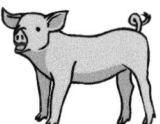

porchell
прасе

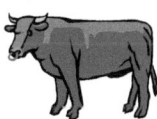

tarw
бик

gwydd

гуска

hwyaden

патка

cyw

пилићи

iâr

кокош

ceiliog

петао

llygoden fawr

пацов

cath

мачка

llygoden

миш

ych

вол

ci

пас

cwt ci

кућица за пса

pibell ddŵr

вртно црево

can dŵr

канта за поливање

pladur

коса

aradr

плуг

cryman

срп

fforch chwynu

мотика

picwarch

виљушка за ђубриво

bwyell

секира

berfa

тачке

cafn

корито

tun llefrith

посуда за млеко

sach

врећа

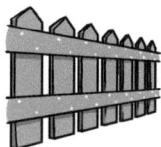

ffens

ограда

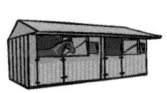

stabl

штала

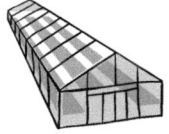

tŷ gwydr

стакленик

pridd

земља

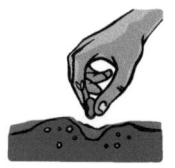

hedyn

семе

gwrtaith

ђубриво

dyrnwr medi

комбајн

cynaeafu
....
жети

cynhaeaf
....
жетва

iamau
....
јамс зачин

gwenith
....
пшеница

soi
....
соја

tysen
....
крумпир

grawn
....
кукуруз

had rêp
....
уљана репица

coeden ffrwythau
....
воћка

manioc
....
гомољ маниоке

grawnfwydydd
....
житарице

simnai
димњак

to
кров

peipen law
жлеб

ffenestr
прозор

garej
гаража

cloch y drws
звоно

drws
врата

bin sbwriel
корпа за отпад

blwch post
поштанско сандуче

gardd
врт

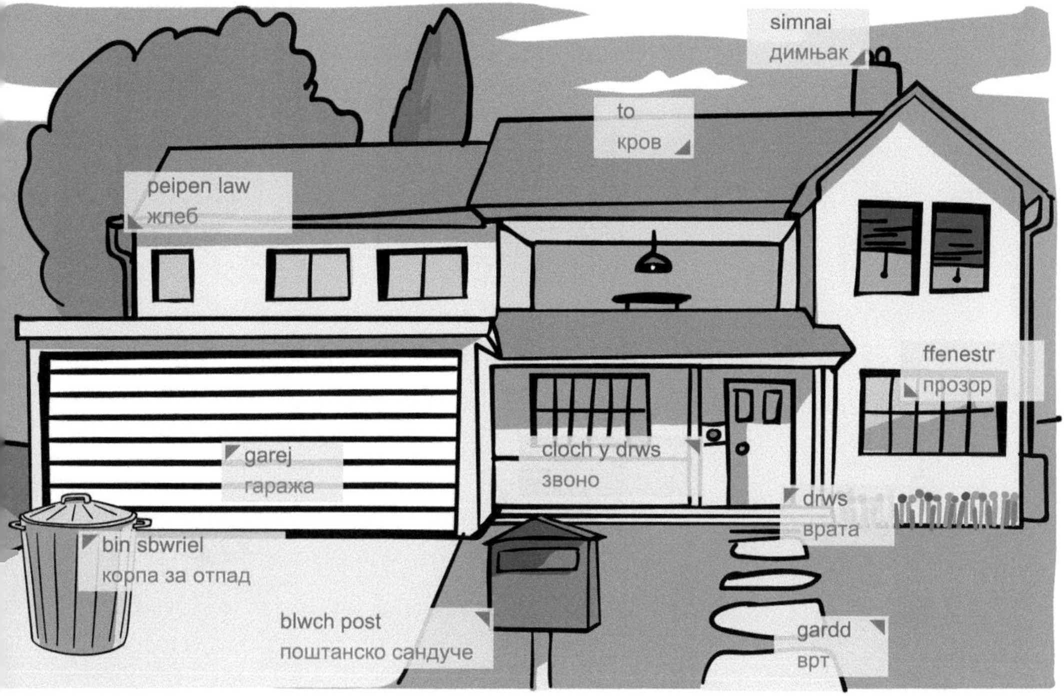

lolfa

дневна соба

ystafell ymolchi

купаоница

cegin

кухиња

ystafell wely

спаваћа соба

ystafell plentyn

дечија соба

ystafell fwyta

трпезарија

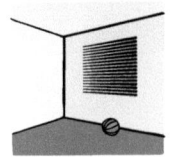

llawr

под

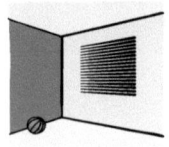

wal

зид

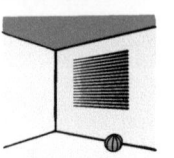

nenfwd

строп

seler

подрум

sawna

сауна

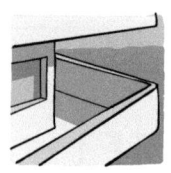

balconi

балкон

teras

тераса

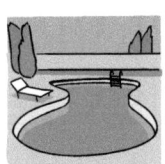

pwll

базен

peiriant torri gwair

косилица за траву

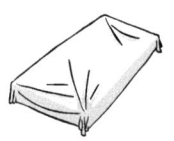

taflen

постељина за кревет

gorchudd gwely

дека за кревет

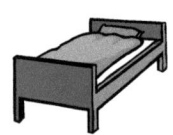

gwely

кревет

ysgub

метла

bwced

канта

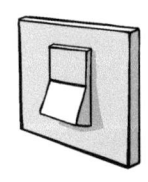

swits

прекидач

lolfa
дневна соба

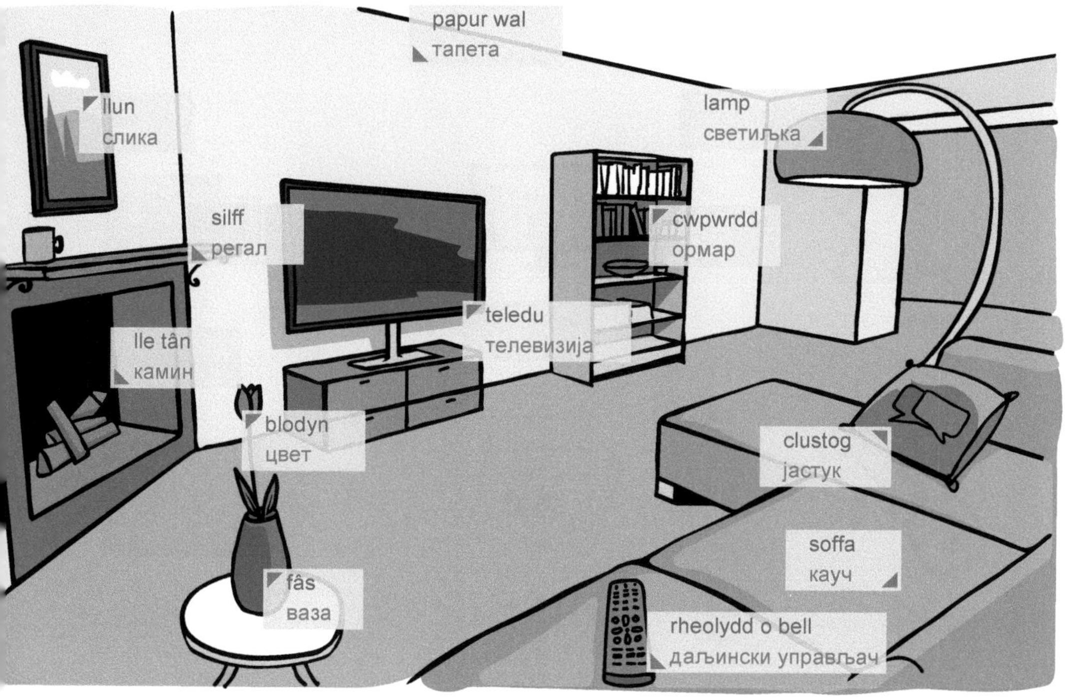
papur wal
тапета
llun
слика
lamp
светиљка
silff
регал
cwpwrdd
ормар
teledu
телевизија
lle tân
камин
blodyn
цвет
clustog
јастук
soffa
кауч
fâs
ваза
rheolydd o bell
даљински управљач

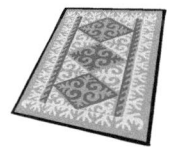

carped

тепих

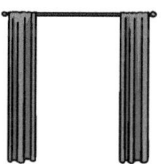

llen

завеса

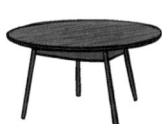

bwrdd

сто

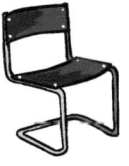

cadair

столица

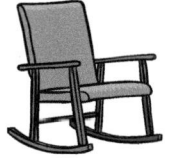

cadair siglo

столица за њихање

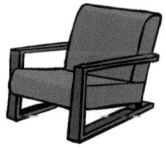

cadair freichiau

фотеља

llyfr

књига

blanced

дека

addurn

декорација

coed tân

дрво за огрев

ffilm

филм

hi-fi

хи-фи уређај

agoriad

кључ

papur newydd

новине

darlun

слика на платну

poster

постер

radio

радио

llyfr nodiadau

блок за писање

hwfer

усисивач

cactws

кактус

cannwyll

свећа

cegin
кухиња

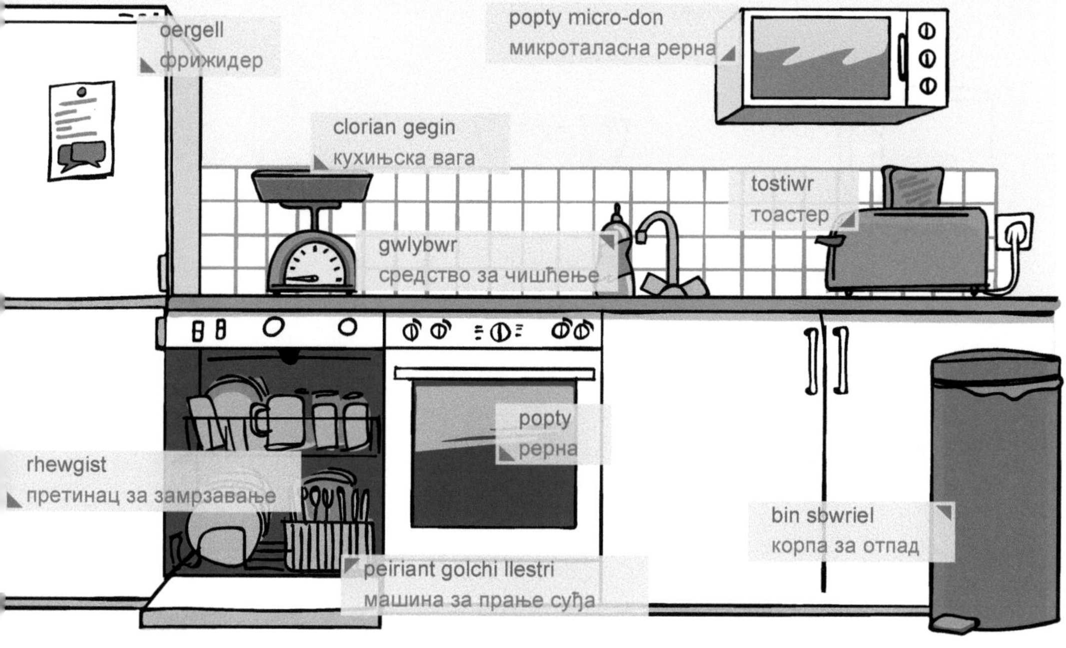
oergell
фрижидер
popty micro-don
микроталасна рерна
clorian gegin
кухињска вага
tostiwr
тоастер
gwlybwr
средство за чишћење
popty
рерна
rhewgist
претинац за замрзавање
bin sbwriel
корпа за отпад
peiriant golchi llestri
машина за прање суђа

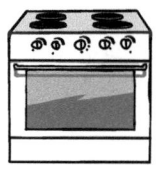

popty
шпорет

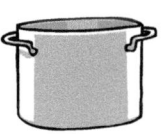

pot
лонац

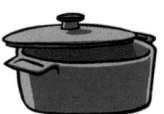

pot haearn bwrw
гвоздени лонац

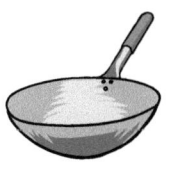

wok / kadai
вок / кадаи

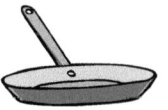

padell
тава

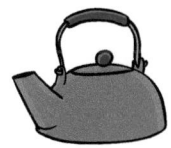

tegell
кувало за воду

sosban stemio

кувало на пару

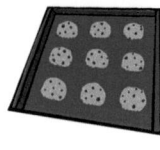

hambwrdd pobi

лим за печење

llestri

посуђе

mwg

чаша

powlen

посуда

gweill bwyta

штапићи за јело

lletwad

кутлача

ysbodol

лопатица

chwisg

пењача

hidlydd

сито за кување

gogr

сито

gratiwr

рибеж

morter

мужар

barbeciw

роштиљ

tân agored

огњиште

bwrdd torri cig

даска

rholbren

оклагија

tynnwr corcyn

вадичеп

tun

конзерва

peth agor tuniau

отварач конзерви

clwt pot

крпа за лонац

sinc

судопер

brws

четка

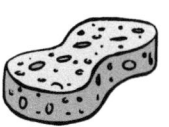

sbwng

сунђер

peiriant cymysgu

миксер

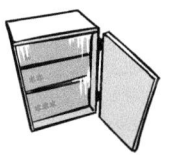

rhewgell

замрзивач

potel babi

флашица за бебе

tap

славина за воду

ystafell ymolchi

купаоница

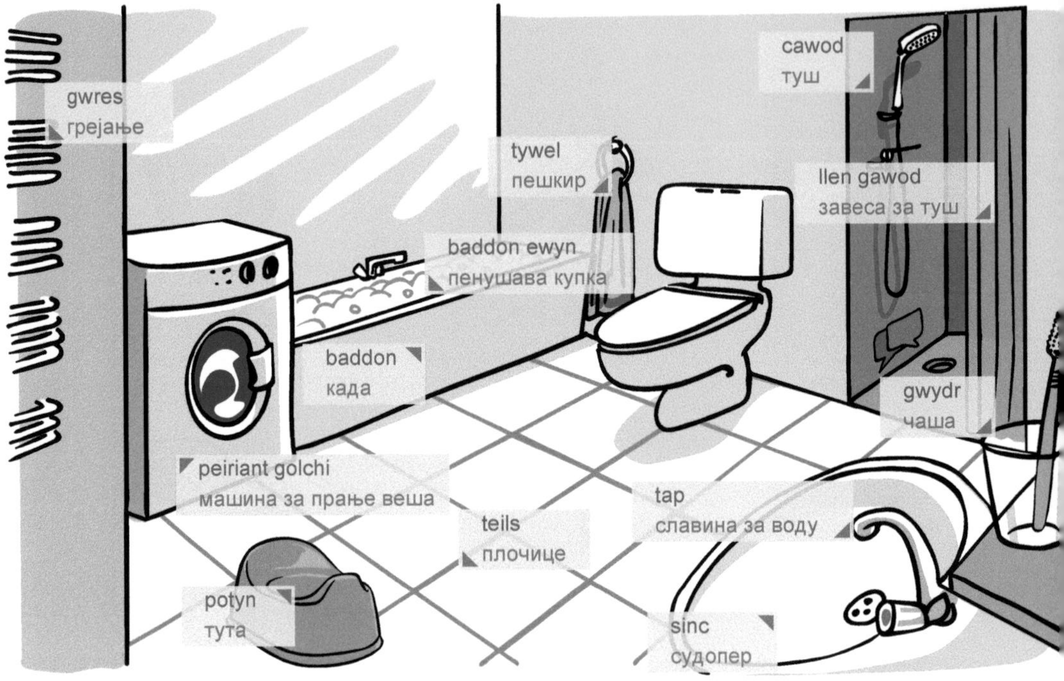

gwres
грејање
cawod
туш
tywel
пешкир
llen gawod
завеса за туш
baddon ewyn
пенушава купка
baddon
када
gwydr
чаша
peiriant golchi
машина за прање веша
tap
славина за воду
teils
плочице
potyn
тута
sinc
судопер

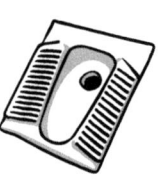

tŷ bach
тоалет

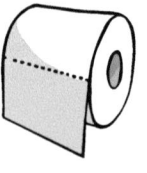

toiled cyrcydu
чучавац

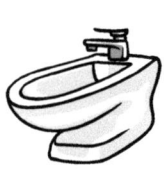

bidet
бидет

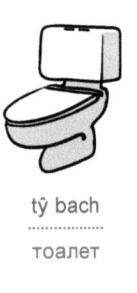

troethfa
писоар

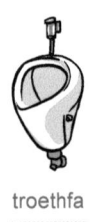

papur tŷ bach
тоалетни папир

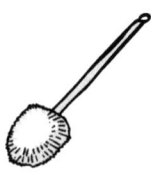

brws tŷ bach
четка за тоалет

brws dannedd

четкица за зубе

past dannedd

паста за зубе

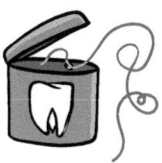

edau ddannedd

конац за зубе

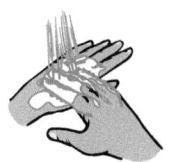

golchi

прати

cawod llaw

туш ручица

golchfa

туш за прање интимних делова

basn

лавор

brws-ôl

четка за прање леђа

sebon

сапун

gel cawod

гел за тушираље

siampŵ

шампон

gwlanen

крпа за прање

ffos

одвод

hufen

крема

diaroglydd

дезодоранс

drych

огледало

drych llaw

козметичко огледало

rasel

бријач

ewyn eillio

пена за бријање

sent eillio

лосион за после бријања

crib

чешаљ

brws

четка

sychwr gwallt

фен за косу

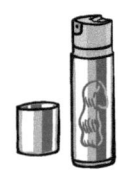

chwistrell gwallt

спреј за косу

colur

шминка

minlliw

руж за усне

farnais ewinedd

лак за нокте

gwlân cotwm

вата

siswrn ewinedd

маказе за нокте

persawr

парфем

bag ymolchi

козметичка торбица

stôl

столица

clorian

вага

gŵn baddon

огртач

menig rwber

рукавице за чишћење

tampon

тампон

tywel misglwyf

уложак

toiled cemegol

хемијски тоалет

ystafell plentyn

дечија соба

cloc larwm
будилник
tegan anwes
плишана играчка
car tegan
ауто играчка
cleciwr
звечка
tŷ dol
кућица за лутке
anrheg
поклон

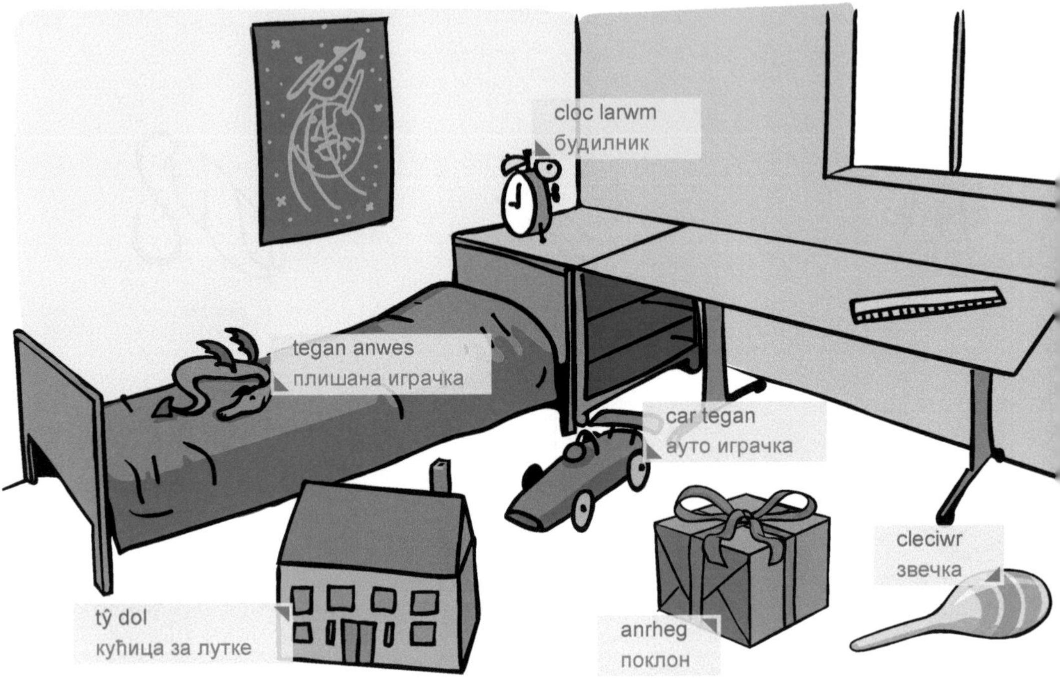

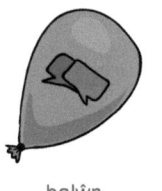

balŵn

балон

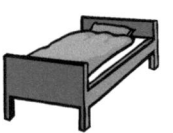

gwely

кревет

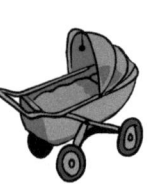

pram

дјечија колица

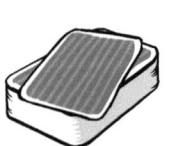

pecyn o gardiau

игра са картама

jig-so

слагалица

SUPER MEGA

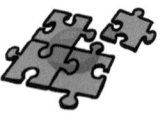

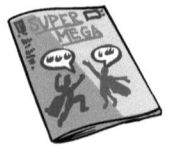

comic

стрип

brics Lego

лего коцкице

blociau adeiladu

коцкице за слагање

ffigur gweithredu

акциони јунак

babygro

бенкица за бебе

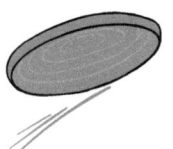

ffrisbi

фризби

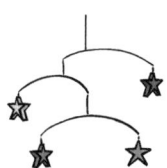

ffôn symudol

висеће играчке

gêm fwrdd

друштвене игре

deis

коцка

set model trên

минијатурна жељезница

teth lwgu

дуда

parti

забава

llyfr lluniau

сликовница

pêl

лопта

dol

лутка

chwarae

играти

pwll tywod

пешчаник

swing

љуљачка

teganau

играчка

consol gemau fideo

конзола за игре

beic tair olwyn

трицикл

tedi

теди

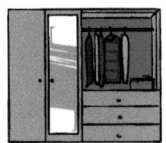

cwpwrdd dillad

ормар

dillad

одећа

hosanau

кратке чарапе

hosanau

чарапе

teits

хулахопке

sgarff
шал

gwregys
каиш

ymbarél
кишобран

crys-t
мајица

esidiau ymarfer
патике

esgidiau
чизме

sliperi
папуче

sandalau
....
сандале

esgidiau
....
ципеле

esgidiau rwber
....
гумене чизме

trôns
....
гаћице

bra
....
грудњак

fest
....
поткошуља

corff

боди

trowsus

панталоне

jîns

фармерке

sgert

сукња

blows

блуза

crys

кошуља

pwlofer

џемпер

hwdi

џемпер с капуљачом

blaser

сако

siaced

јакна

côt

мантил

côt law

кабаница

gwisg

костим

gŵn

хаљина

gwisg briodas

венчаница

siwt

одело

gŵn nos

спаваћица

pyjamas

пиџама

sari

сари

sgarff pen

марама за главу

tyrban

турбан

bwrca

бурка

cafftan

кафтан

abaya

абаја

gwisg nofio

купаћи костим

trowsus nofio

купаће гаћице

siorts

кратке панталоне

tracwisg

одећа за тренинг

ffedog

кецеља

menig

рукавице

botwm

дугме

sbectol

наочаре

breichled

наруквица

cadwyn

огрлица

modrwy

прстен

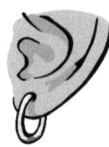

clustdlws

наушница

cap

капа

cambren

вешалица

het

шешир

tei

кравата

sip

патент затварач

helmed

кацига

fframiau danedd

нараменице

gwisg ysgol

школска униформа

gwisg

униформа

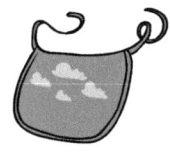

bib

подбрадак

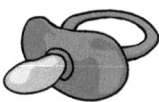

teth lwgu

дуда

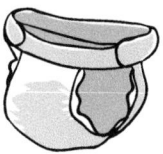

cewyn

пелена

swyddfa
канцеларија

gweinydd
сервер
cwrpwrdd ffeilio
ормар за списе
argraffydd
штампач
papur
папир
monitor
монитор
llygoden
миш
desg
писаћи стол
ffolder
мапа
bysellfwrdd
тастатура
basged papur gwastraff
кошара за папир
cyfrifiadur
компјутер
cadair
столица

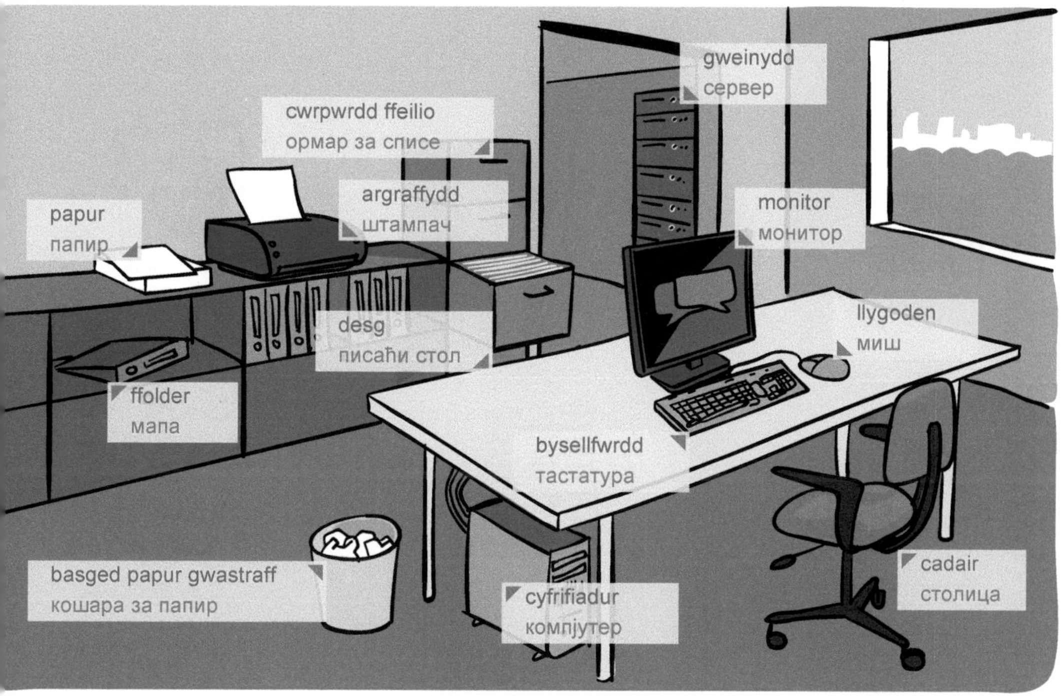

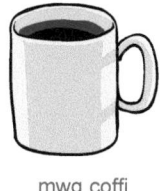

mwg coffi

шалица за каву

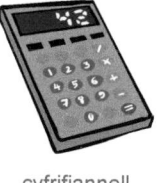

cyfrifiannell

калкулатор

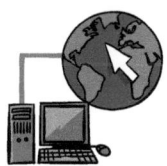

rhyngrwyd

интернет

gliniadur

лаптоп

llythyr

писмо

neges

порука

ffôn symudol

мобилни телефон

rhwydwaith

мрежа

llungopïwr

уређај за копирање

meddalwedd

софтвер

teleffon

телефон

soced plwg

утичница

peiriant ffacs

факс

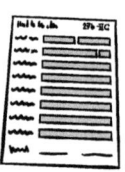

ffurflen

формулар

dogfen

документ

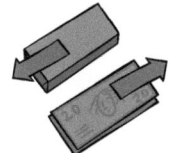

prynu

куповати

talu

платити

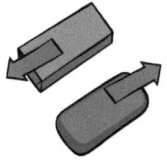

masnachu

трговати

arian

новац

doler

долар

ewro

евро

yen

јен

rwbl

рубља

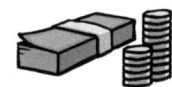

ffranc y Swistir

швајцарски франак

yuan renminbi

ренминдби јуан

rwpi

рупија

peiriant arian

аутомат за новац

swyddfa gyfnewid

мењачница

aur

злато

arian

сребро

olew

нафта

ynni

енергија

pris

цена

contract

уговор

treth

порез

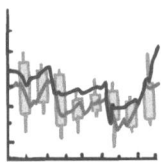

stoc

деонице

gweithio

радити

cyflogai

службеник

cyflogwr

послодавац

ffatri

фабрика

siop

продавница

swyddi
занимања

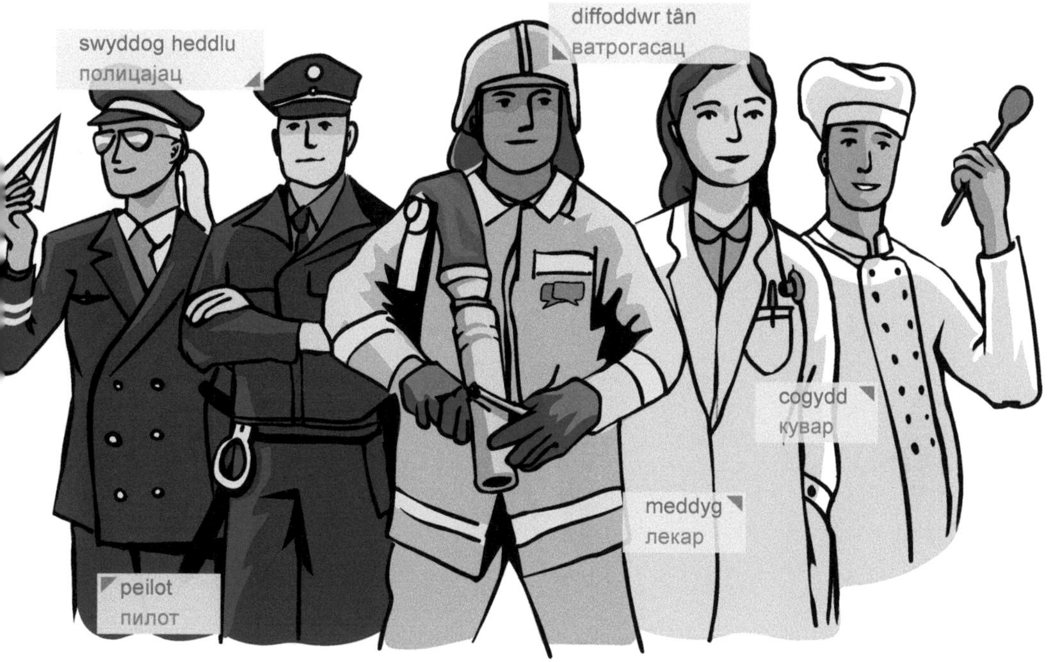
swyddog heddlu
полицајац
diffoddwr tân
ватрогасац
cogydd
кувар
meddyg
лекар
peilot
пилот

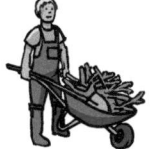

garddwr
вртлар

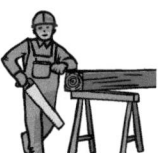

saer
столар

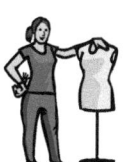

gwniadwraig
кројачица

barnwr
судија

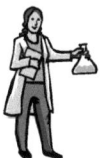

fferyllydd
хемичар

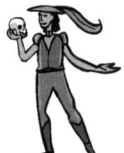

actor
глумац

gyrrwr bws

возач аутобуса

gyrrwr tacsi

возач таксија

pysgotwr

рибар

glanhawraig

чистачица

töwr

кровопокривач

gweinydd

конобар

heliwr

ловац

paentiwr

сликар

pobydd

пекар

trydanwr

електричар

adeiladwr

грађевински радник

peiriannydd

инжењер

cigydd

месар

plymiwr

лимар

dyn y post

поштар

milwr

војник

pensaer

архитекта

ariannwr

благајник

gwerthwr blodau

цвећар

triniwr gwallt

фризер

archwiliwr tocynnau rheilffordd

кондуктер

mecanydd

механичар

capten

капетан

deintydd

зубар

gwyddonydd

научник

rabi

раби

imam

имам

mynach

монах

clerigwr

свећеник

offer

алати

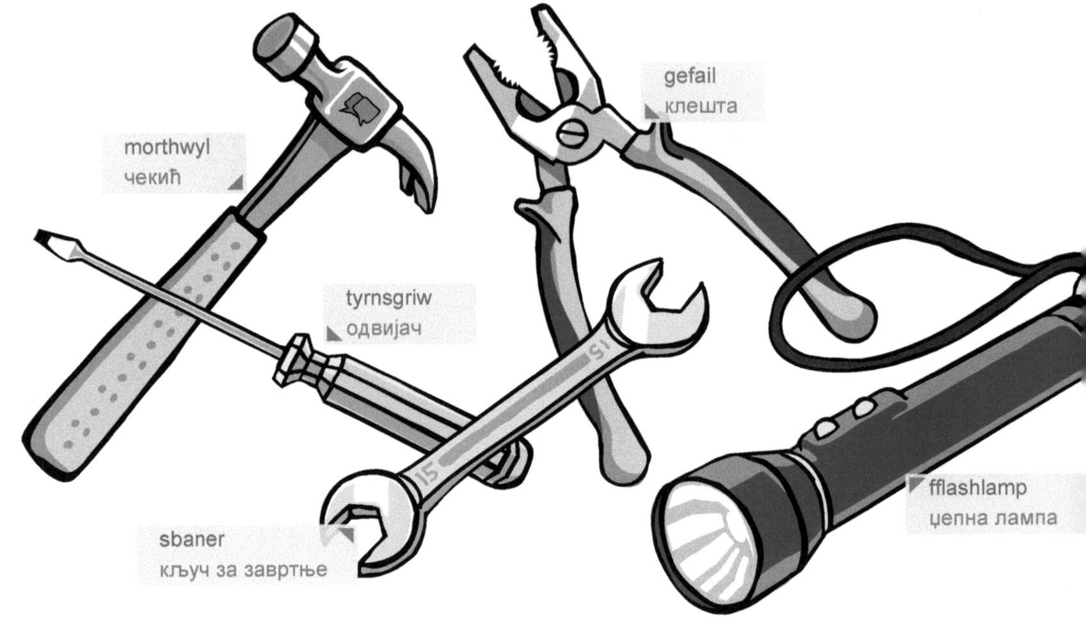

morthwyl
чекић
gefail
клешта
tyrnsgriw
одвијач
sbaner
кључ за завртње
fflashlamp
џепна лампа

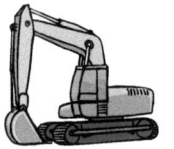

turiwr

багер

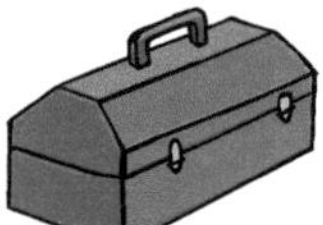

blwch offer

кутија за алат

ysgol

мердевине

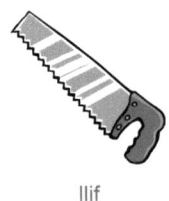

llif

пила

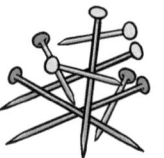

hoelion

ексер

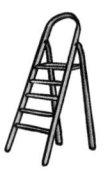

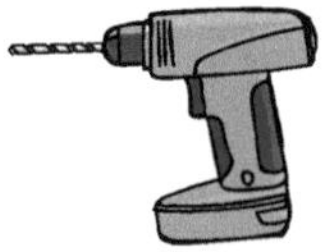

dril

бушилица

trwsio

поправити

rhaw

лопата

Daria!

до ђавола!

rhaw lwch

лопатица

pot paent

лонац за бoју

sgriwiau

завртањи

offerynnau cerdd
музички инструмент

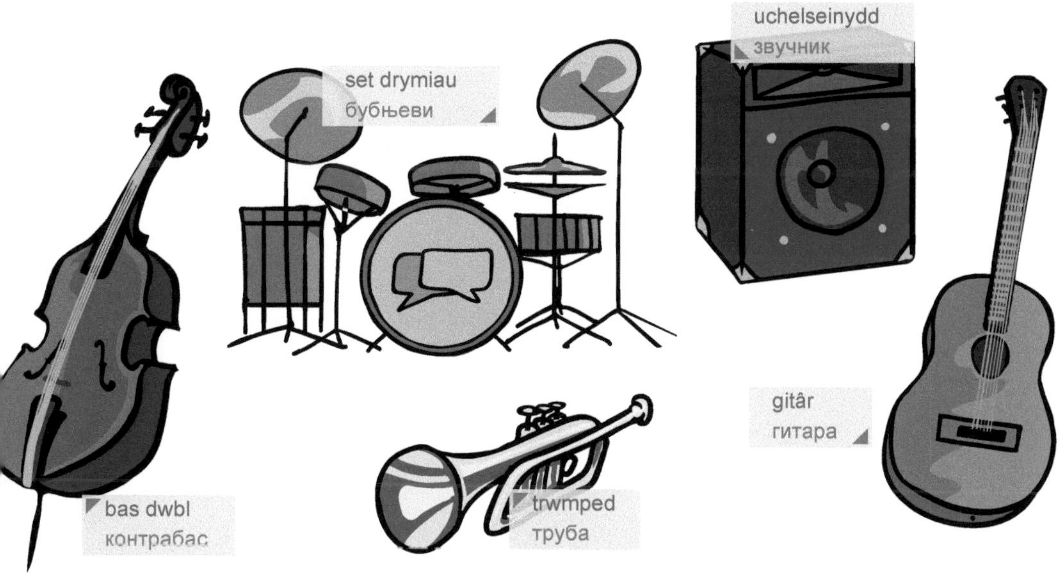

set drymiau
бубњеви

uchelseinydd
звучник

bas dwbl
контрабас

trwmped
труба

gitâr
гитара

piano

клавир

ffidil

виолина

bas

бас

timpani

тимпани

drymiau

удараљке за бубњеве

cyweirfwrdd

типке клавира

sacsoffon

саксофон

ffliwt

флаута

meicroffon

микрофон

зоолошки врт

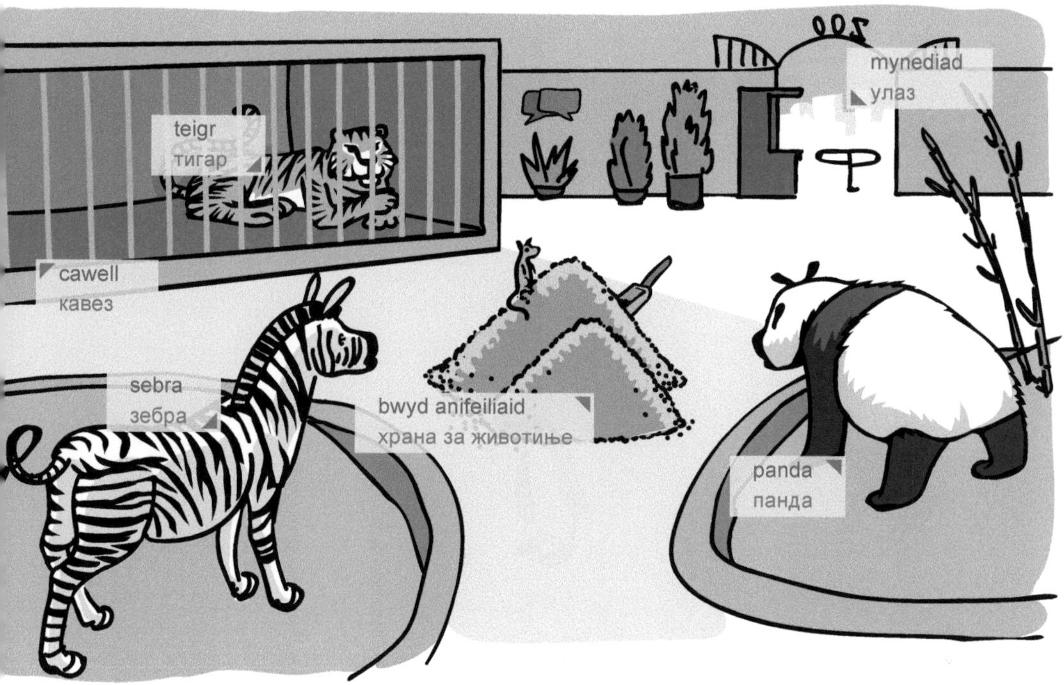
zoo
mynediad
улаз
teigr
тигар
cawell
кавез
sebra
зебра
bwyd anifeiliaid
храна за животиње
panda
панда

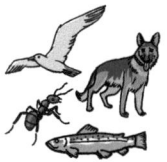

anifeiliaid

животиње

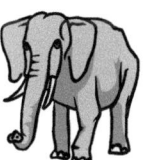

eliffant

слон

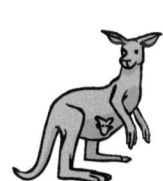

cangarŵ

кенгур

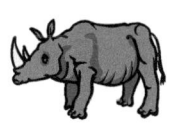

rhinoseros

носорог

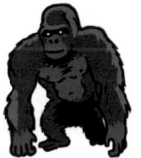

gorila

горила

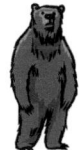

arth

медвед

camel

камила

estrys

ној

llew

лав

mwnci

мајмун

fflamingo

фламинго

parot

папагај

arth wen

поларни медвед

pengwin

пингвин

siarc

ајкула

paun

паун

neidr

змија

crocodeil

крокодил

gofalwr sŵ

чувар у зоолошком врту

morlo

туљан

jagwar

јагуар

merlyn

пони

llewpard

леопард

hipo

нилски коњ

jiráff

жирафа

eryr

орао

baedd

дивља свиња

pysgodyn

риба

crwban

корњача

walrws

морж

llwynog

лисица

gafrewig

газела

chwaraeon
спорт

pêl-droed America
амерички ногомет

beicio
бициклизам

tennis
тенис

pêl-fasged
кошарка

nofio
пливање

bocsio
бокс

hoci iâ
хокеј на леду

pêl-droed
фудбал

badminton
бадминтон

athletau
атлетика

pêl-law
рукомет

sgïo
скијање

polo
поло

gweithgareddau

активности

chwerthin
смејати се
neidio
скочити
cofleidio
загрлити
cerdded
ићи
canu
певати
breuddwydio
сањати
gweddïo
молити се
cusanu
пољубити

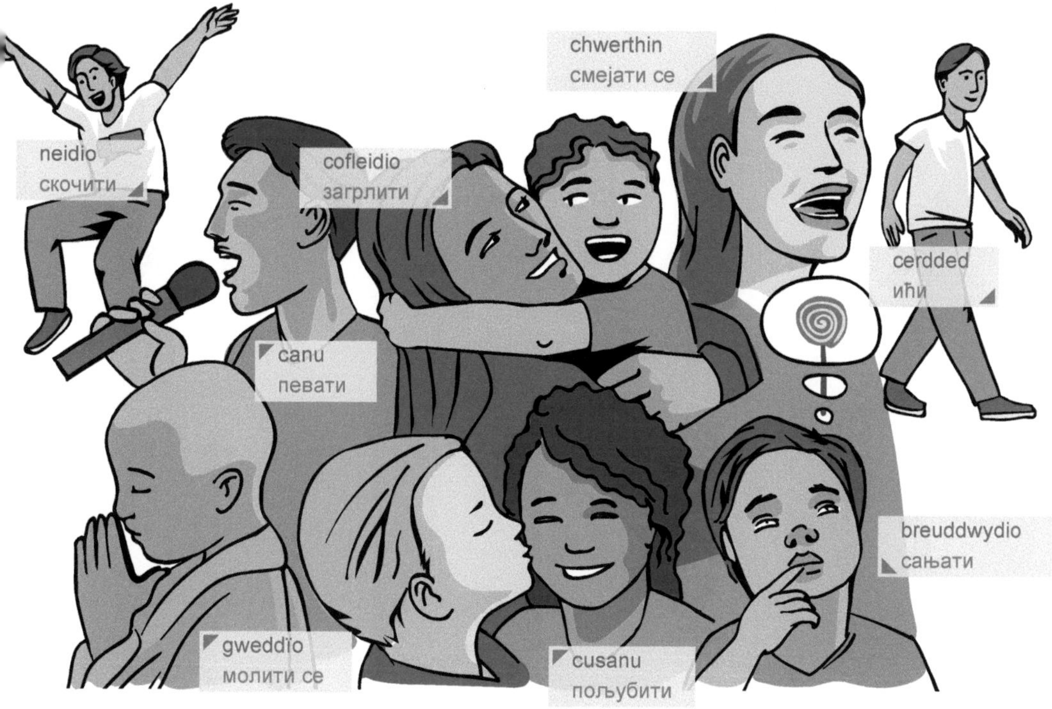

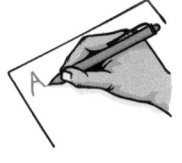

ysgrifennu

писати

tynnu

цртати

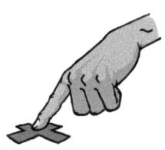

dangos

показати

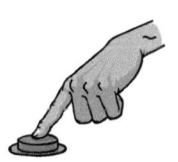

gwthio

гурати

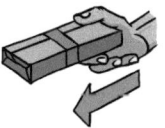

rhoi

дати

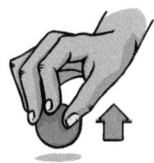

cymryd

узети

bod gan

имати

gwneud

чинити

bod

бити

sefyll

стојати

rhedeg

трчати

tynnu

повлачити

taflu

бацити

disgyn

падати

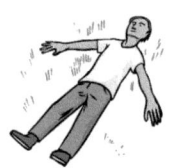

gorwedd

лежати

aros

чекати

cario

носити

eistedd

седити

gwisgo amdanoch

облачити

cysgu

спавати

deffro

пробудити се

edrych ar

гледати

crïo

плакати

anwesu

миловати

cribo

чешљати

siarad

говорити

deall

разумети

gofyn

питати

gwrando

слушати

yfed

пити

bwyta

јести

tacluso

поспремити

caru

волети

coginio

кухати

gyrru

возити

hedfan

летети

hwylio

пловити

cyfrifo

рачунати

darllen

читати

dysgu

учити

gweithio

радити

priodi

венчати се

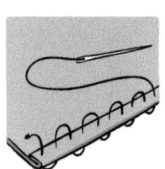

gwnïo

шити

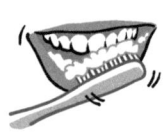

brwsio dannedd

прати зубе

lladd

убити

ysmygu

пушити

anfon

послати

teulu
породица

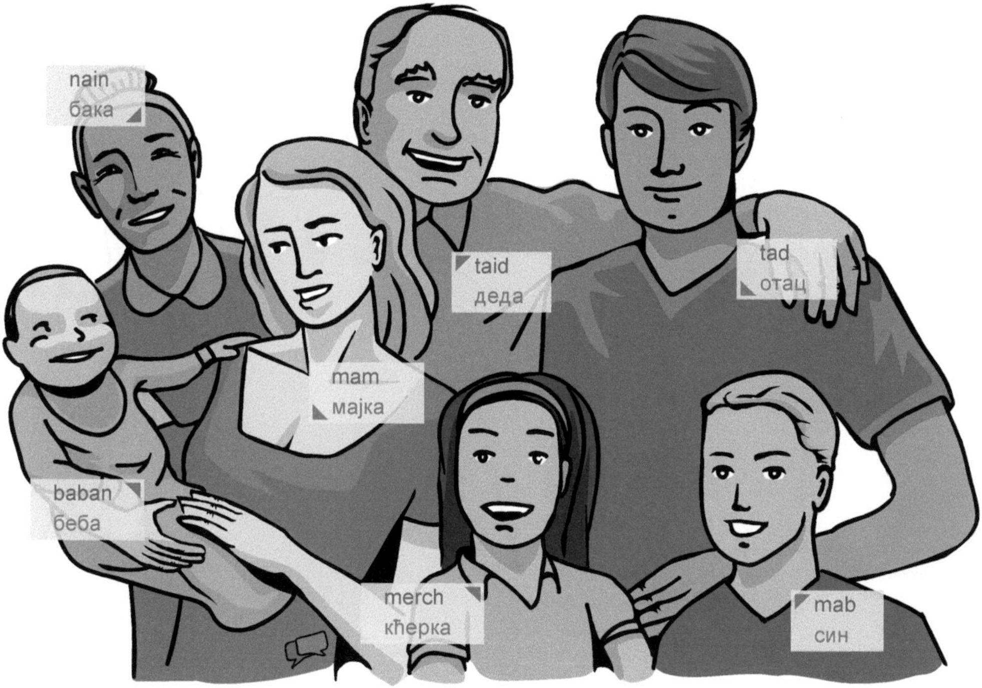

nain
бака
taid
деда
tad
отац
mam
мајка
baban
беба
merch
ћерка
mab
син

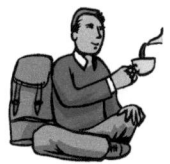

gwestai

гост

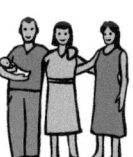

modryb

тетка

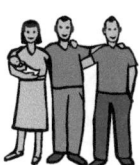

ewythr

ујак, стриц

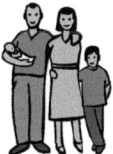

brawd

брат

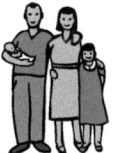

chwaer

сестра

corff

тело

talcen
чело
llygad
око
ysgwydd
раме
bys
прст
wyneb
лице
gên
брада
llaw
рука
coes
нога
bron
груди
braich
рука

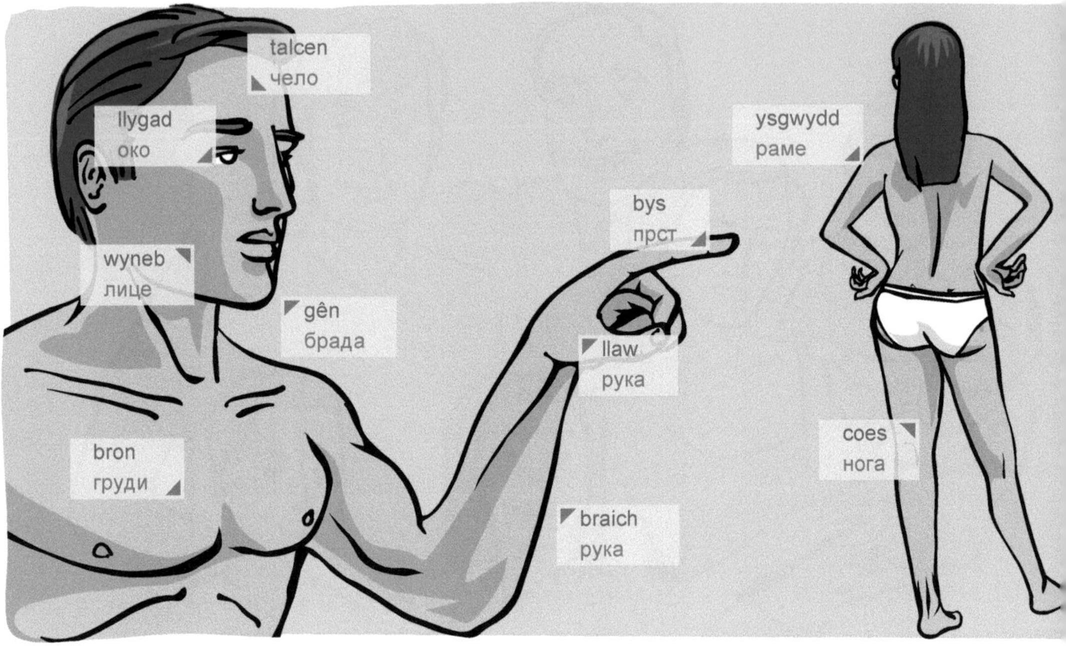

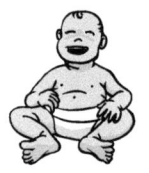

baban

беба

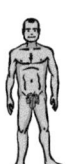

dyn

мушкарац

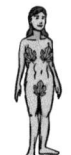

gwraig

жена

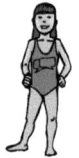

geneth

девојчица

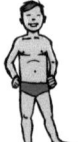

bachgen

дечак

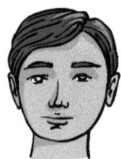

pen

глава

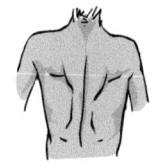

cefn

леђа

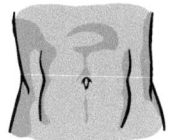

bel

стомак

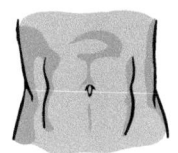

bogail

пупак

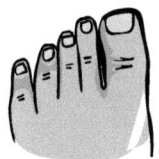

bys troed

ножни прст

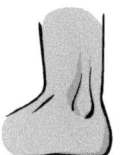

sawdl

пета

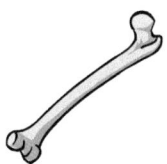

asgwrn

кост

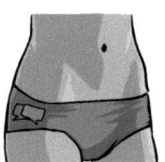

clun

кукови

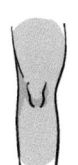

pen-glin

колено

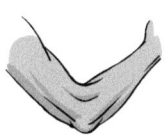

penelin

лакат

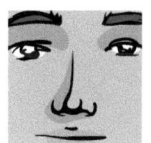

trwyn

нос

pen ôl

задњица

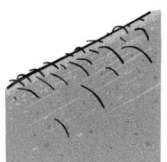

croen

кожа

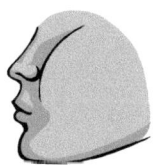

boch

образ

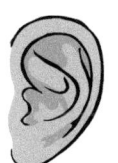

clust

уво

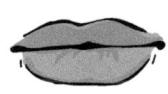

gwefus

усна

ceg

уста

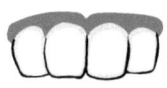

dant

зуб

tafod

језик

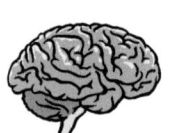

ymennydd

мозак

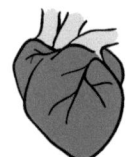

calon

срце

cyhyr

мишић

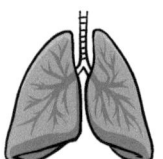

ysgyfaint

плућа

iau

јетра

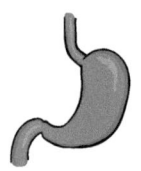

stumog

желудац

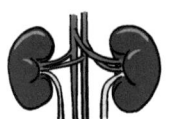

arennau

бубрези

rhyw

полни однос

condom

кондом

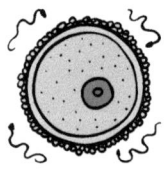

ofwm

јајна ћелија

semen

сперма

beichiogrwydd

трудноћа

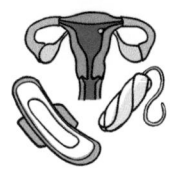

mislif

менструација

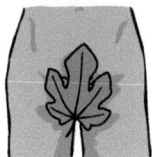

fagina

вагина

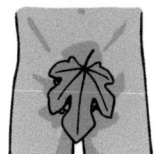

pidyn

пенис

ael

обрва

gwallt

коса

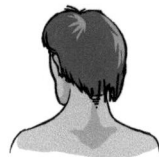

gwddf

врат

ysbyty
болница

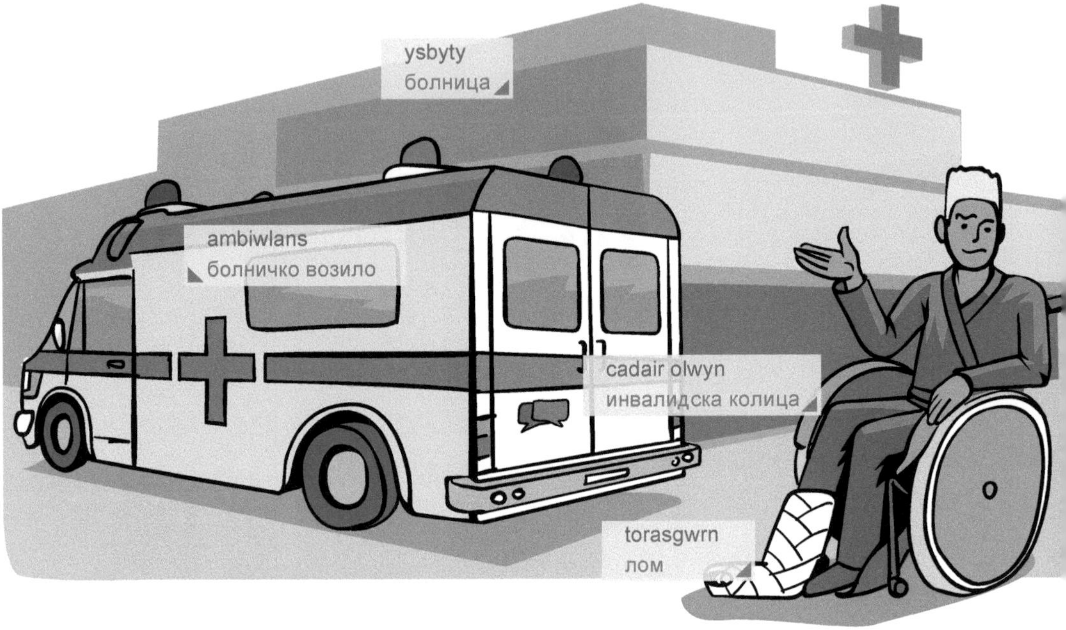

ysbyty
болница
ambiwlans
болничко возило
cadair olwyn
инвалидска колица
torasgwrn
лом

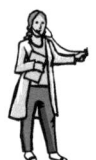

meddyg

лекар

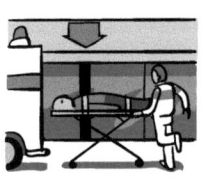

ystafell argyfwng

хитна медицинска служба

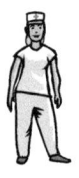

nyrs

медицинска сестра

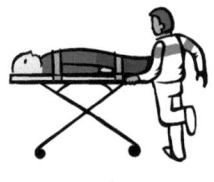

argyfwng

хитни случај

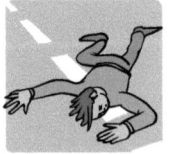

anymwybodol

несвест

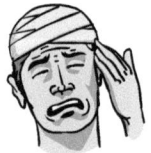

poen

бол

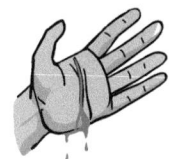

anaf

повреда

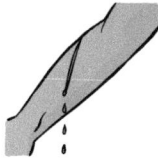

gwaedu

крварење

trawiad ar y galon

срчани удар

strôc

удар

alergedd

алергија

peswch

кашаљ

twymyn

грозница

ffliw

грипа

dolur rhydd

пролив

cur pen

главобоља

canser

рак

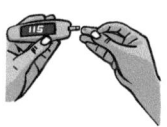

diabetes

дијабетес

llawfeddyg

хирург

fflaim

скалпел

gweithrediad

операција

CT

цт

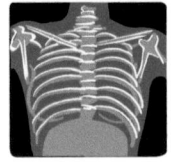

pelydr-x

рентген

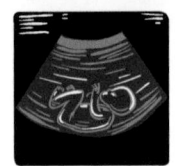

uwchsain

ултразвук

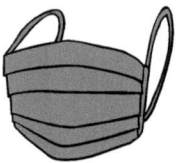

mwgwd wyneb

маска

clefyd

болест

ystafell aros

чекаона

bagl

штака

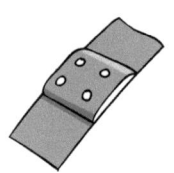

plastr

фластер

rhwymyn

завој

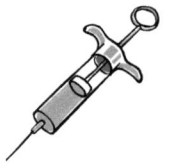

pigiad

ињекција

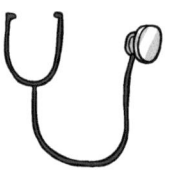

stethosgop

стетоскоп

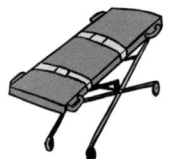

elorwely

носила

thermomedr clinigol

термометар

genedigaeth

рођење

dros bwysau

прекомерна тежина

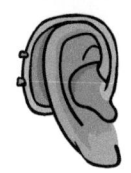

cymorth clyw

слушни апарат

diheintydd

средство за дезинфекцију

haint

инфекција

firws

вирус

HIV / AIDS

хив / аидс

meddygaeth

медицина

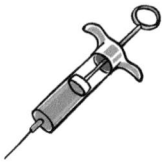

brechiad

вакцинација

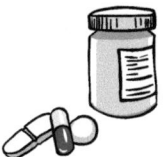

tabledi

таблете

y bilsen

пилула

galwad frys

хитни позив

monitor pwysau gwaed

уређај за мерење
притиска

yn sâl / yn iach

болесно / здраво

Help!

помоћ!

larwm

аларм

ymosodiad

насртај

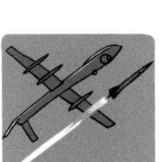

ymosodiad

напад

perygl

опасност

allanfa argyfwng

излаз у случају нужде

Tân!

пожар!

diffoddwr tân

противпожарни апарат

damwain

незгода

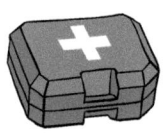

pecyn cymorth cyntaf

кутија прве помоћи

SOS

сос

heddlu

полиција

Ewrop

Европа

Gogledd America

Северна Америка

De America

Јужна Америка

Affrica

Африка

Asia

Азија

Awstralia

Аустралија

Iwerydd

Атлантик

y Môr Tawel

Пацифик

Cefnfor yr India

Индијски океан

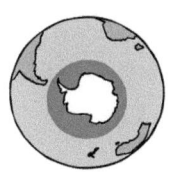

Cefnfor yr Antarctig

Антарктички океан

Cefnfor yr Arctig

Арктички океан

Pegwn y Gogledd

Северни рол

Pegwn y De

Јужни рол

Antarctica

Антарктик

y Ddaear

земља

tir

земља

môr

море

ynys

оток

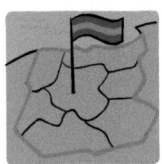

cenedl

нација

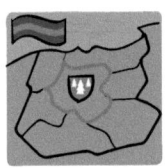

gwladwriaeth

држава

wyneb cloc

бројчаник сата

bys awr

сатна казаљка

bys munud

минутна казаљка

bys eiliad

секундна казаљка

Faint o'r gloch yw hi?

Колико је сати?

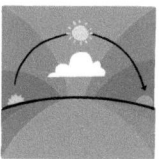

dydd

дан

amser

време

yn awr

сада

cloc digidol

дигитални сат

munud

минута

awr

час

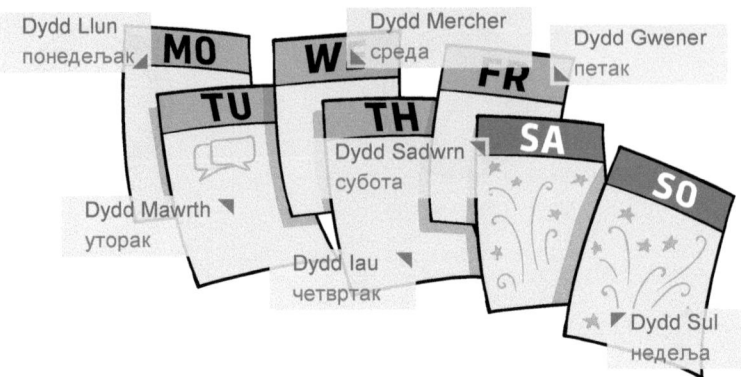

Dydd Llun — понедељак — MO
Dydd Mercher — среда — W
Dydd Gwener — петак — FR
Dydd Mawrth — уторак — TU
Dydd Sadwrn — субота — SA
Dydd Iau — четвртак — TH
Dydd Sul — недеља — SO

ddoe

јуче

heddiw

данас

yfory

сутра

bore

јутро

canol dydd

подне

noswaith

вече

MO	TU	WE	TH	FR	SA	SU
1	2	3	4	5	6	7
8	9	10	11	12	13	14
15	16	17	18	19	20	21
22	23	24	25	26	27	28
29	30	31	1	2	3	4

diwrnodiau busnes

радни дани

MO	TU	WE	TH	FR	SA	SU
1	2	3	4	5	6	7
8	9	10	11	12	13	14
15	16	17	18	19	20	21
22	23	24	25	26	27	28
29	30	31	1	2	3	4

penwythnos

викенд

blwyddyn
година

glaw
киша
enfys
дуга
gwynt
ветар
eira
снег
gwanwyn
пролеће
hydref
јесен
haf
лето
gaeaf
зима

4.APRIL 11°
5.APRIL 4°
6.APRIL 13°
7.APRIL 8°
8.APRIL 10°

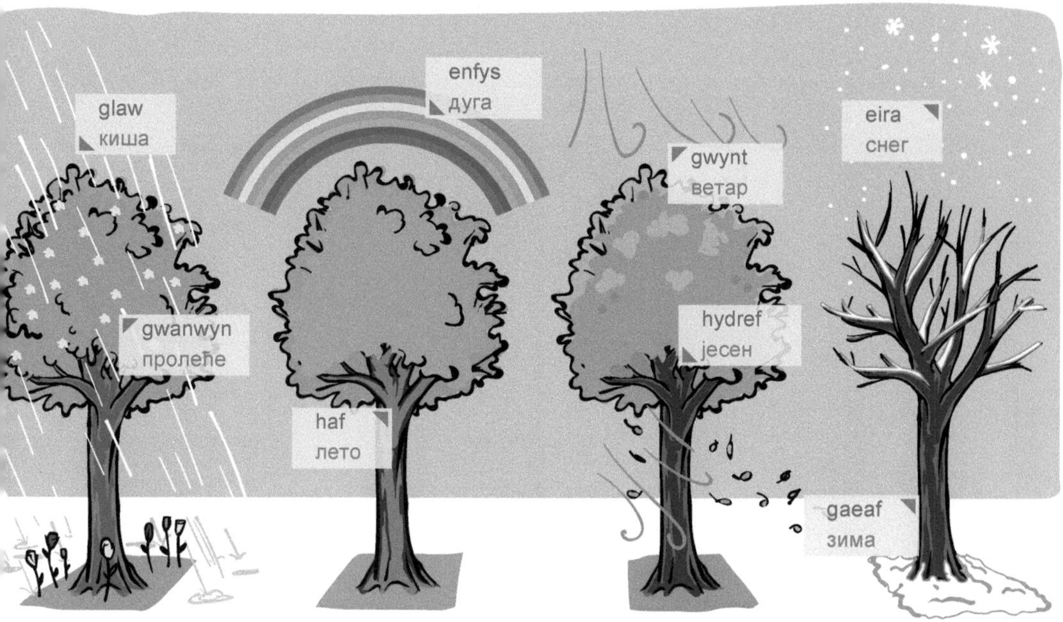

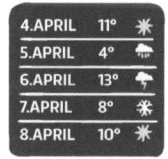

rhagolygon y tywydd

метеоролошка прогноза

F C
120 40
90 30
60 20
30 10
0 0
-30 -10
-20

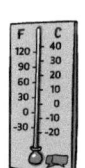

thermomedr

термометар

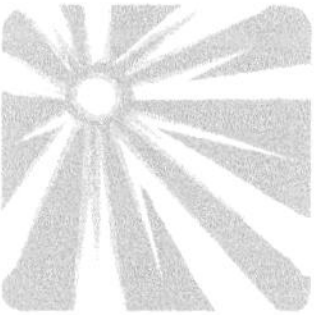

heulwen

сунчана светлост

cwmwl

облак

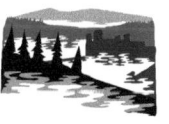

niwl tew

магла

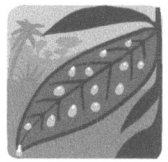

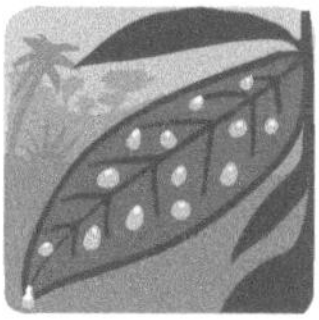

lleithder

влажност ваздуха

mellt

муња

taranau

грмљавина

storm

олуја

cenllysg

туча

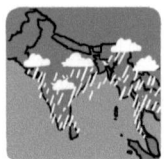

monsŵn

монсун

llif

поплава

iâ

лед

Ionawr

јануар

Chwefror

фебруар

Mawrth

март

Ebrill

април

Mai

мај

Mehefin

јуни

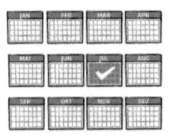

Gorffennaf

јули

Awst

август

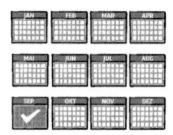

Medi

септембар

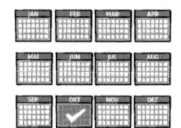

Hydref

октобар

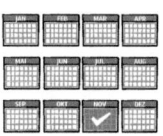

Tachwedd

новембар

Rhagfyr

децембар

cylch

круг

sgwâr

квадрат

petryal

правоугао

triongl

троугао

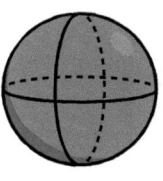

sffêr

кугла

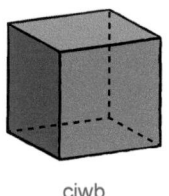

ciwb

коцка

gwyn

бела

melyn

жута

oren

наранџаста

pinc

ружичаста

coch

црвена

porffor

љубичаста

glas

плава

gwyrdd

зелена

brown

смеђа

llwyd

сива

du

црна

llawer / ychydig

много / мало

dig / tawel

љутито / мирно

hardd / hyll

лепо / ружно

dechrau / diwedd

почетак / крај

mawr / bach

велико / малено

llachar / tywyll

светло / тамно

brawd / chwaer

брат / сестра

glân / budr

чисто / прљаво

gyflawn / anghyflawn

потпуно / непотпуно

dydd / nos

дан / ноћ

farw / yn fyw

мртво / живо

eang / cul

широко / уско

bwytadwy / anfwytadwy

јестиво / нејестиво

drwg / caredig

зло / добро

llawn cyffro / diflasu

узбуђено / досадно

tew / tenau

дебело / мршаво

cyntaf / olaf

на почетку / на крају

cyfaill / gelyn

пријатељ / непријатељ

llawn / gwag

пуно / празно

caled / meddal

тврдо / мекано

trwm / ysgafn

тешко / лагано

wedi newynnu / yn sychedig

глад / жеђ

yn sâl / yn iach

болесно / здраво

anghyfreithlon / cyfreithiol

илегално / легално

deallus / twp

паметно / глупо

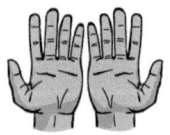

chwith / dde

лево / десно

agos / pell

близу / далеко

newydd / wedi'i ddefnyddio

ново / половно

dim / rhywbeth

ништа / нешто

hen / ifanc

старо / младо

ymlaen / i ffwrdd

укључено / искључено

ar agor / ar gau

отворено / затворено

tawel / uchel

тихо / гласно

cyfoethog / tlawd

богато / сиромашно

cywir / anghywir

тачно / погрешно

garw / llyfn

храпаво / глатко

trist / hapus

тужно / сретно

byr / hir

кратко / дуго

araf / cyflym

полако / брзо

gwlyb / sych

мокро / сухо

cynnes / claear

топло / хладно

rhyfel / heddwch

рат / мир

0

sero

нула

1

un

један

2

dau

два

3

tri

три

4

pedwar

четири

5

pump

пет

6

chwech

шест

7

saith

седам

8

wyth

осам

9

naw

девет

10

deg

десет

11

un deg un

једанаест

12

un deg dau

дванаест

13

un deg tri

тринаест

14

un deg pedwar

четрнаест

15

un deg pump

петнаест

16

un deg chwech

шестнаест

17

un deg saith

седамнаест

18

un deg wyth

осамнаест

19

un deg naw

деветнаест

20

dau ddeg

двадесет

100

cant

стотину

1.000

mil

хиљаду

1.000.000

miliwn

милион

rhifau - бројеви

Saesneg

енглески

Saesneg America

амерички енглески

Tsieinëeg Mandarin

мандарински кинески

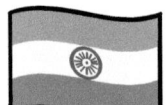

Hindi

хиндски

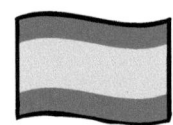

Sbaeneg

шпански

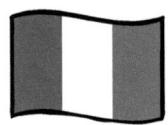

Ffrangeg

француски

Arabeg

арапски

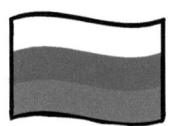

Rwseg

руски

Portiwgaleg

португалски

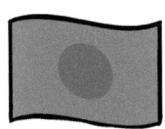

Bengali

бенгалски

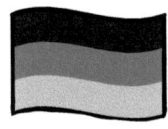

Almaeneg

немачки

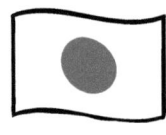

Siapanaeg

јапански

fi

ja

ti

ти

ef / hi

он / она / оно

ni

ми

chi

ви

nhw

они

pwy?

Ко?

beth?

Шта?

sut?

Како?

ble?

Где?

pryd?

Када?

enw

име

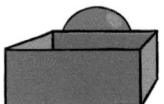

y tu ôl i

иза

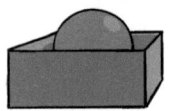

yn / yng / ym / mewn

у

o flaen

испред

dros

преко

ar

на

dan

испод

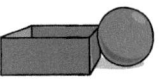

wrth ochr

поред

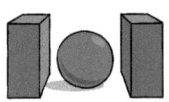

rhwng

између

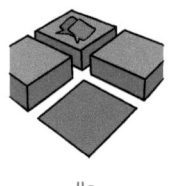

lle

место